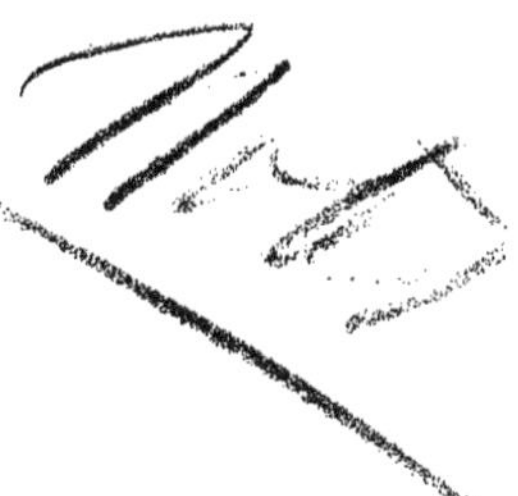

Vente du Mardi 10 Mai 1870

OBJETS D'ART

PROVENANT

Du Palais Manfrin, de Venise

ET APPARTENANT A

M. LE MARQUIS A.-M. PLATTIS

DE PADOUE

EXPOSITIONS

PARTICULIÈRE : les Samedi 7 et Dimanche 8 Mai 1870
PUBLIQUE : le Lundi 9 Mai 1870

Me DELBERGUE-CORMONT	MM. DHIOS ET GEORGE
COMMISSAIRE-PRISEUR	EXPERTS

PARIS — 1870

RENOU ET MAULDE

IMPRIMEURS DE LA COMPAGNIE DES COMMISSAIRES-PRISEURS

Rue de Rivoli, 144.

CATALOGUE

DES

OBJETS D'ART

PROVENANT

Du Palais Manfrin, de Venise

ET APPARTENANT A

M. LE MARQUIS A.-M. PLATTIS

DE PADOUE

Anciennes Porcelaines de Chine et du Japon, belle Garniture et Vases de grandes dimensions, Porcelaines de Saxe, beau Service de 322 pièces, Cabinet du XVIe siècle en fer damasquiné or et argent, anciens Bronzes florentins, très-beaux Cabinets italiens en ébène et pierres dures, Meuble à deux corps en certosina, magnifiques Glaces et Consoles en bois sculpté et doré, Pupîtres du XVIe siècle en ébène et ivoire, Meubles en marqueterie de bois, Bas-reliefs en argent, Tentures.

DONT LA VENTE AUX ENCHÈRES PUBLIQUES AURA LIEU

HOTEL DROUOT

SALLE N° 1

Le Mardi 10 Mai 1870

A DEUX HEURES

Me **DELBERGUE-CORMONT**, Commissaire-Priseur à Paris, rue de Provence, 8,

Assisté de **MM. DHIOS** et **GEORGE**, Experts, rue Le Peletier, 33.

EXPOSITIONS

PARTICULIÈRE : les Samedi 7 et Dimanche 8 Mai 1870
PUBLIQUE : le Lundi 9 Mai 1870

PARIS — 1870

CONDITIONS DE LA VENTE

———

Elle aura lieu au comptant.

Les Acquéreurs paieront CINQ POUR CENT en sus des adjudications.

L'une des curiosités de Venise, journellement visitée par les étrangers, la plus remarquable des collections particulières de cette ville, c'était la galerie Manfrin, citée dans tous les guides d'Italie pour les richesses artistiques qu'elle renfermait.

Fondée vers 1748 par le marquis Jérôme Manfrin, elle passa en 1800 entre les mains du marquis Pierre, son fils, qui la transmit à la marquise Julie-Jeanne Manfrin Plattis. En 1848, à la mort de cette dernière, elle devint la propriété de ses deux enfants : la marquise Bortoline Plattis, veuve du baron Sardagna, et le marquis Antonio Maria Plattis.

L'héritage maternel fut partagé en deux portions égales; d'après l'estimation et la division

établies par les professeurs de l'Académie de
Venise, MM. Taglia Pietro et Ferrari, ainsi qu'il
résulte des procès-verbaux des 16 et 17 sep-
tembre 1861.

La part échue au marquis A.-M. Plattis est
aujourd'hui mise en vente par suite de sa déter-
mination de quitter Venise pour fixer sa résidence
à Padoue; elle comprend une série d'objets d'art
et une collection de tableaux.

Parmi les objets d'art qui seront vendus le
10 mai prochain, on remarquera plusieurs grands
vases en porcelaine de Chine, d'ancienne qualité;
un service en vieux Saxe, très-nombreux; la
garniture complète d'un cabinet italien du
XVIe siècle, en fer damasquiné or et argent, —
pièce rare et peut-être unique; quelques beaux
bronzes florentins; etc., etc.

La vente des tableaux suivra immédiatement

celle des objets d'art, elle aura lieu les vendredi
13 et samedi 14 mai. Les amateurs y trouveront
des œuvres intéressantes dans toutes les écoles
d'Italie et, parmi elles, quelques toiles de premier
ordre. Pour éveiller l'attention sur cette collection, il suffit de citer les noms de Paul Véronèse,
Bonifazio, Bassan, Jules Romain, Fra Barto-
lommeo, qui s'y trouvent dignement représentés;
signalons aussi une œuvre des plus remarquables,
une Descente de croix attribuée à Raphaël.

Nous avons crû devoir conserver aux tableaux
les attributions du catalogue de la galerie Manfrin,
dressé par MM. les professeurs de l'Académie de
Venise.

DHIOS ET GEORGE.

DÉSIGNATION DES OBJETS

PORCELAINES

MAGNIFIQUE GARNITURE

de cinq pièces

EN ANCIENNE PORCELAINE DE CHINE

1 — Elle se compose de trois Vases de forme ovoïde à couvercles et de deux Cornets. Fond bleu lapis rehaussé d'or et médaillons de fleurs en émaux de couleurs.

Ancienne qualité.

Haut. des cinq vases, 50 c.

GRAND VASE

DE CHINE

2 — Grand Vase potiche à couvercle en porcelaine d'ancienne qualité. Il est décoré de médaillons de fleurs en émaux de couleurs. Fond bleu lapis rehaussé d'or.

Haut. 80 c.

DEUX GRANDS VASES

à couvercles

EN ANCIENNNE PORCELAINE DU JAPON

3 — Ils sont décorés de personnages auprès d'habitations et de combats de cavaliers en camaïeu bleu.

Socles en bois sculpté et doré.

Haut. 1 m.

VASE POTICHE

en

ANCIENNE PORCELAINE DE CHINE

4 — Beau Vase à huit pans en porcelaine de la famille Verte, décorée de paysage, branchage, fleurs et ustensiles chinois en émaux de couleurs.

Haut. 60 c.

DEUX GRANDS VASES

à couvercles

EN ANCIENNE PORCELAINE DU JAPON

5 — Ils sont décorés de grands et petits médaillons à paysage et fleurs. Modèle potiche.

Ces deux belles pièces sont placées sur des socles en bois sculpté, peint et doré à rinceaux, têtes de bélier et pieds à griffe de liion.

Haut. des vases, 95 c.

VAS

à couvercle

EN ANCIENNE PORCELAINE DE CHINE

6 — Beau Vase hexagone, modèle balustre, à couvercle surmonté du chien de Fo. Décor à mandarins et oiseaux avec encadrements dorés.

Haut. 55 c.

VASE POTICHE

EN ANCIENNE PORCELAINE DU JAPON

7 — Beau Vase à huit pans, décoré de branchage; fond bleu, rouge et or.

Haut. 53 c.

VASE

à couvercle

EN ANCIENNE PORCELAINE DE CHINE

8 — Vase, modèle balustre carré, en porcelaine de la famille Verte, décorée de fleurs, branchages et ustensiles chinois.

Haut. 42 c.

VASE POTICHE

à couvercle

EN ANCIENNE PORCELAINE DE CHINE

9 — Vase bleu lapis avec rehauts d'or à branchages.

Haut. 60 c.

VASE CORNET

en

ANCIENNE PORCELAINE DE CHINE

10 — Décor semblable à celui du vase précédent.

Haut. 50 c.

VASE

à couvercle

EN ANCIEN CÉLADON CRAQUELÉ

11 — Joli vase à anses formées de mascarons à anneaux
mobiles. Au col sont placés des ornements dorés
en relief ainsi que sur le couvercle qui est surmonté d'un animal chimérique.

Haut. 33 c.

DEUX VASES

en

ANCIENNE PORCELAINE DU JAPON

12 — Deux beaux Vases potiches, modèle balustre; médaillons à branchages en émaux de couleurs,
fond bleu, rouge et or.

Haut. 62 c.

VASE POTICHE

à couvercle

EN ANCIENNE PORCELAINE DU JAPON

13 — Il est décoré de quatre médaillons à fleurs et
paysage. Fond bleu, rouge et or.

Haut. 95 c.

GRAND CORNET

en

VIEUX JAPON

14 — Décor bleu, rouge et or, et médaillon à paysage.

Haut. 55 c.

BOL

en

ANCIENNE PORCELAINE DE CHINE

15 — Décor à paysage et habitations chinoises.

BOL

en

PORCELAINE DE CHINE

16 — Il est décoré de vases de fleurs.

SERVICE

en

ANCIENNE PORCELAINE DE SAXE

17 — Décor à bouquets de fleurs, bords contournés et filets d'or, époque Louis XV.

Il se compose de 322 pièces :

2 grandes Glacières à couvercles, anses rocaille.

2 autres plus petites, anses détachées à torsade.

1 grande Soupière à couvercle surmonté d'une figurine d'enfant; anses détachées et fleurs en relief.

2 Soupières plus petites de même modèle.

3 Seaux ou jardinières.

3 Verrières de forme ovale, à anses rocaille.

4 Sauciers en forme de losange, à deux anses.

1 très-grand Plat rond.

5 grands Plats ronds.

4 Plats ronds un peu moins grands.

2 très-grands Plats ovales.

1 Plat moins grand.

4 Plats ovales, moyenne dimension.

4 petits Plats ovales.

1 grand Plat ovale à anse plate relevée.

2 autres plus petits, même modèle

2 Compotiers ronds.

2 Compotiers ovales.

1 autre de forme plus allongée.

4 Compotiers ovales à côtes.

2 Plateaux ovales à hors-d'œuvre, en forme de feuille.

4 moins grands, même modèle.

4 petits, même modèle.

2 autres en forme de feuille à anses détachées et fleurs en relief.

8 plus petits de même modèle.

2 autres, en forme de feuilles de vigne.

6 Drageoirs ronds à côtes.

4 petits plateaux, modèle coquille.

2 petits plateaux ovales.

20 Pots à crême avec couvercles.

73 Assiettes à dessert, gaufrées avec bordure à jour.

33 Assiettes à potage.

112 Assiettes plates et creuses.

SIX CORBEILLES

en

ANCIENNE PORCELAINE DE SAXE

18 — Jolies Corbeilles à jour, décorées de bouquets de fleurs et de petites roses en relief; elles sont à anses détachées et reposent sur quatre pieds. Trois sont de forme ovale et trois de forme ronde. Époque Louis XVI.

QUATRE CORBEILLES

VIEUX SAXE

19 — Elles sont à jour, de forme ovale, et décorées de fleurettes bleues en relief.

GROUPES

en

ANCIENNE PORCELAINE DE SAXE

20 — Groupe représentant une femme assise sur un lion, allégorie de l'Afrique.

21 — Groupe représentant un femme assise sur un chameau et personnifiant l'Asie.

22 — Groupe de deux figurines, allégorie de l'automne, en porcelaine de Louisbourg, époque Louis XV.

23 — Groupe de deux figurines en ancien Saxe; allégorie du printemps.

24 — Petit Faune jouant avec un bouc, groupe en vieux Saxe.

25 — Les Moissonneurs, groupe de trois figurines en ancienne porcelaine de Vienne.

CABARET

en

ANCIEN WEEDGWOOD

26 — Il se compose de neuf pièces : théière, pot à crême,
sucrier et six tasses avec soucoupes ; le tout décoré
de jeux d'enfants en relief. Époque Louis XVI.

27 — Deux Flambeaux cassolettes, en ancien Weedgwood.
Époque Louis XVI.

PORCELAINE DE NAPLES

28 — Deux Figurines de canard.

DEUX VASES

en

FAÏENCE DE PESARO

29 — Ils sont décorés de bouquets de fleurs émaillées ; les
anses sont détachées et formées de cariatides.

Haut. 85 ç.

OBJETS D'ART

CABINET

du XVIᵉ siècle

EN FER DAMASQUINÉ OR ET ARGENT

30 — Dix-huit Plaques de différentes dimensions en fer damasquiné or et argent, forment la garniture complète d'un ancien cabinet :

La plus grande, représentant une ville maritime avec bordure à enroulements de branchages et de feuilles, mesure 30 cent. de hauteur sur 52 cent. de large. Elle recouvrait la porte à abatant du meuble.

Deux autres plaques en hauteur représentant des vues de ville, formaient les portes intérieures.

Quinze plaques de dimensions variées à enroulements de branchages, etc., servaient de tiroirs et de frises qui complétaient la façade intérieure de ce petit cabinet.

Beau travail italien du XVIᵉ siècle, de la plus grande rareté.

Au centre des trois plaques principales est représenté un chène qui symbolise le nom de la famille DELLA ROVERE (chêne), à laquelle le cabinet a appartenu.

BRONZES ITALIENS

du xvi⁰ siècle

31 — Jolie Statuette de Minerve, ancien bronze florentin.
Attribué à Jérôme Campagna.

Haut.

32 — Très-belle Statuette, figure allégorique de la France,
ancien bronze. Attribué à Francesco Gay.

Haut.

33 — Très-beau Christ en bronze florentin. Travail italien
du xvie siècle de l'école de Michel-Ange.

BAS-RELIEFS

EN ARGENT

34 — Bas-relief en argent repoussé représentant la Sainte
Famille; il est placé dans une riche bordure en
argent plein, ciselé et en partie doré. Cet encadrement est couronné par un petit fronton à tête de
mascaron, nœud de rubans, et guirlandes de
feuilles de laurier.

Gracieux travail du temps de Louis XVI.

35 — Autre Bas-relief en argent représentant une Sainte
Famille encadrée dans une bordure semblable à
la précédente.

PUPITRE

en

ÉBÈNE INCRUSTÉ D'IVOIRE

36 — Il est décoré de nombreuses plaques et de médaillons à sujets sacrés et profanes, de cariatides, d'animaux chimériques, de fruits, de rinceaux et ornements variés.

Beau travail italien du XVIᵉ siècle.

DAMIER PERSAN

37 — Mosaïque d'ivoire de la plus grande délicatesse d'exécution.

Beau et ancien travail persan.

PENDULE

EN ÉBÈNE

38 — Une Pendule monumentale en ébène ornée de statuettes en bronze. Époque Louis XIII.

MEUBLES D'ART

CABINET ITALIEN

à fronton

ÉBÈNE ET PIERRES DURES

39 — La façade de ce ravissant petit meuble présente au centre une porte à colonnettes de marbre supportant une galerie à vases et à balustres en lapis.

Cette porte est entourée de nombreux tiroirs à ornementation exécutée en lapis, agates de diverses nuances et incrustations de filets d'étain.

Les chapiteaux des colonnes et les boutons des tiroirs sont en argent ciselé et doré.

Ce petit cabinet est à quatre pieds formés de chimères en bronze ciselé et doré; il repose sur sa table console.

Charmant travail de style florentin d'une exécution précieuse.

CABINET ITALIEN

à fronton

ÉBÈNE ET PIERRES DURES

40 — Au centre est une porte tabernacle à colonnettes de marbre avec socles et chapiteaux en argent doré, ciselé et repercé à jour. En s'ouvrant, cette porte découvre neuf petits tiroirs intérieurs. Elle est entourée de tiroirs, ornés de plaquettes en lapis et agates de diverses nuances, incrustés de filets d'étain et encadrés de moulures d'ébène.

Pieds à chimères en bronze ciselé et doré.

Ce petit meuble repose sur sa table-console.

Ravissant petit cabinet exécuté comme le précédent, dans le style florentin, avec une exquise perfection.

GRAND CABINET

en

ÉBÈNE, IVOIRE ET PIERRES DURES

41 — Il s'ouvre par une porte ornée de deux colonnettes de porphyre rouge et par de nombreux tiroirs enrichis de cabochons en agates, d'incrustations d'ivoire figurant de gracieux rinceaux et de moulures en bois guilloché.

La façade de ce joli meuble est du plus séduisant aspect. Il repose sur une table-console également décorée de fines incrustations d'ivoire.

GRAND CABINET

en

ÉBÈNE, IVOIRE ET PIERRES DURES

42 — Très-beau Meuble-cabinet posé sur sa table-console et semblable au précédent.

MEUBLE A DEUX CORPS

en

MARQUETERIE DE CERTOSINA

43 — Beau Meuble en bois de noyer couvert de fines incrustations d'ivoire, *marqueterie dite Certosina*. Couronné d'un fronton et orné de colonnes torses, il a la forme élégante des meubles du XVIᵉ siècle. La partie supérieure, qui s'ouvre à deux vantaux, est garnie intérieurement de trois niches à colonnettes, également incrustées d'ivoire.

La marqueterie à rosaces, damier, quadrillages, qui recouvre ce meuble dans toutes ses parties, est du travail le plus délicat.

DEUX MAGNIFIQUES CONSOLES

en

BOIS SCULPTÉ ET DORÉ

44-45 — Les pieds à cariatides de jeunes femmes, tabliers et serpents enroulés, sont reliés par un entre-jambes au milieu duquel est placée une figurine de l'Amour Moissonneur.

Tablette en marbre blanc.

Remarquable travail italien dans le style d'ornementation du temps de Louis XIV.

DEUX GLACES

à encadrement

EN BOIS SCULPTÉ ET DORÉ

46-47 — Ces magnifiques encadrements sont formés de larges feuilles enroulées et de bouquets de fleurs. Dans le haut est placée une figurine de jeune Faune monté sur un dragon ailé.

Beau travail italien de style Louis XIV.

SECRÉTAIRE

en

BOIS ROSE ET MARQUETERIE

48 — Beau Secrétaire en marqueterie de diverses nuances
décorée de médaillons à figures.

Ce joli meuble, de la fin du siècle dernier,
porte dans un tiroir la signature de MAGGIOLINI.

COMMODES

en

MARQUETERIE DE BOIS

49 — Très-jolie Commode du temps de Louis XVI en bois
rose et marqueterie de diverses nuances. La tablette de dessus est ornée d'un vase. Un médaillon ovale représentant des colombes, des
rinceaux où se jouent de petits Amours décorent
les tiroirs.

50 — Autre Commode semblable à la précédente.

BUREAUX

en

MARQUETERIE DE BOIS

51 — Petit Bureau de dame à deux tiroirs, en bois
rose et marqueterie du temps de Louis XVI.
Le dessus est orné d'un médaillon ovale représentant les armes de l'Amour, de guirlandes, de rosaces et d'ornements variés.

52 — Autre petit Bureau de dame de même travail et de
même genre d'ornementation.

TENTURES

—

58-59 — Deux anciennes Tentures à broderies et applications ornées de rinceaux, mascarons et armoiries.

Travail de la fin du XVIᵉ siècle.

Renou et Maulde, imprimeurs de la Compagnie des Commissaires-Priseurs
rue de Rivoli, 144.   4359

106
191
[illegible]
[illegible]
[illegible]
[illegible]
[illegible]
[illegible]
[illegible]
[illegible]
[illegible]
[illegible]
[illegible]
[illegible]
[illegible]
916
[illegible]
[illegible]

9746
800
[illegible]

9 782329 521916